Sina Nuêmo

Beziehungshoroskop - Psychologische Analyse einer Partnerschaft

Sina Nuêmo

Beziehungshoroskop - Psychologische Analyse einer Partnerschaft

Der kreative Wettstreit eines dynamischen Teams

Goldene Rakete Verlag für Belletristik

Imprint

Cover image: www.ingimage.com

Publisher:
Goldene Rakete Verlag für Belletristik
is a trademark of
International Book Market Service Ltd., member of OmniScriptum Publishing Group
17 Meldrum Street, Beau Bassin 71504, Mauritius

Printed at: see last page
ISBN: 978-620-2-44451-4

Inhaltsverzeichnis[1]:

I. Einleitung .... S. 4

1. Die Alchemie der Beziehung .... S. 4

II. Was Sie zu einander führt .... S. 5

1. Ein erster Blick .... S. 5
   i. Realismus und intuitives Denken .... S. 5

2. Gefühle und Leidenschaften .... S. 7
   i. Liebe in den Tropen .... S. 7
   ii. Ein Herz und eine Seele .... S. 8
   iii. Eine treue Freundschaft .... S. 9

3. Die mentale Ebene .... S. 10
   i. Keine ruhige Minute .... S. 10
   ii. Ehrenwerte Absichten .... S. 12
   iii. Wo Leben ist, ist Hoffnung .... S. 13

4. Konflikte und Herausforderungen .... S. 14
   i. Am Siedepunkt .... S. 14
   ii. Gegenseitige Therapie .... S. 16
   iii. Gefühle in der Sackgasse .... S. 18
   iv. Zwiespältige Gefühle .... S. 20

[1] Vgl. Liz Green, Astrodienst AG und Astro*Intelligence AG.

III. Der Charakter Ihrer Beziehung .... S. 21

1. Die Beziehung als unabhängiges Wesen .... S. 21
   - i. Eine Beziehung mit einem feurigen Herzen .... S. 21
   - ii. Kreativer Wettstreit .... S. 25

2. Die Beziehung uns Sie selbst .... S. 28
   - i. Glücklich im Hafen .... S. 28
   - ii. Sichere vier Wände .... S. 29
   - iii. Bestärkung der Identität .... S. 30
   - iv. Schöne Gedanken .... S. 31
   - v. Innere Erneuerung .... S. 32
   - vi. Die Tiefkühltruhe abtauen .... S. 33

3. Die Beziehung und Ihr Partner .... S. 34
   - i. Ein Traum von vollkommener Liebe .... S. 34
   - ii. Tiefste Emotionen .... S. 35
   - iii. Machtspiele .... S. 36
   - iv. Ausbrechen .... S. 37
   - v. Es gibt nichts geschenkt .... S. 38
   - vi. Ein trüber Spiegel .... S. 39

IV. Welche tieferen Dinge die Beziehung in Ihnen berührt ... S. 40

1. Grundlegende Beziehungsstrukturen bei Ihnen .... S. 40
   i. Dunkelheit und Tiefe .... S. 40

2. Grundlegende Beziehungsstrukturen bei Ihrem Partner ...... S. 44
   i. Ein trauriger Denker .... S. 44
   ii. Die Einsamkeit des Langstreckenläufers .... S. 48

I. Einleitung

1. Die Alchemie der Beziehung

„Das Zusammentreffen von zwei Persönlichkeiten
ist wie die Mischung zweier chemischer Körper:
Tritt eine Verbindung überhaupt ein,
sind beide gewandelt."

C. G. Jung

II. Was Sie zu einander führt.

1. Ein erster Blick

i. Realismus und intuitives Denken

Sie sind ein realistischer Mensch mit einem starken Bedürfnis nach Stabilität und der Bereitschaft, sich das zu erarbeiten, was Sie im Leben erreichen wollen. So fühlen Sie sich wahrscheinlich sehr stark angezogen von der geistigen Vorstellungskraft Ihres Partners, von seiner großen Schau der Dinge und seiner Begabung, künftige Potentiale und Möglichkeiten zu sehen, die Sie mit Ihrer natürlichen Vorsicht versäumen oder nicht weiter verfolgen würden. Ihr Partner scheint in einer größeren und bedeutsameren Welt zu leben, mit deren Hilfe Sie die Grenzen Ihres Pragmatismus überschreiten und Ihrem Dasein Aufregung und Lebhaftigkeit verleihen können. Sie dagegen haben eine zutiefst beruhigende und ausgleichende Wirkung auf ihn. Ihr Realismus und die Geborgenheit, die Sie ihm bieten, verhelfen ihm zu mehr Bodenkontakt und einer größeren Fähigkeit, der konkreten Realität wirksam zu begegnen. In dieser Hinsicht ist die gegenseitige Anziehung zwischen Ihnen zu einem großen Teil eine Anziehung von Gegensätzen, denn jeder hat Stärken in einem Bereich, in dem sich der andere vielleicht manchmal unwohl und unbeholfen fühlt.

Doch Gegensätze ergänzen sich nicht nur, sie können sich auch widersprechen; und so mag es Zeiten geben, zu denen Sie die unpraktische Natur Ihres Partners oder seine Neigung, über unmittelbar anstehende Dinge zu philosophieren, sehr störend finden. Wenn Sie Ihre eigenen kreativen Fähigkeiten unterwerten, weil Sie die seinen so sehr idealisieren, ärgern Sie sich vielleicht allmählich darüber, einfach als gegeben hingenommen zu werden. Ihr Partner dagegen, findet vielleicht Ihren Realismus manchmal als zu beengend – besonders dann, wenn Sie seine Träume und Ideen aus dem Handgelenk verwerfen, nur weil sie scheinbar in der Praxis nicht bestehen können. Sie beide leben in recht verschiedenen Wirklichkeiten, und deshalb sollten Sie sich nicht dazu verleiten lassen, sich gegenseitig zu bevormunden, weil Sie sich unbewusst bedroht fühlen. Dann können Sie von Ihrem Partner sehr viel über die Wichtigkeit bildhafter Vorstellungen und über die Wirklichkeit der Träume lernen, während er von Ihnen einiges über den Reichtum und den Wert eines „gewöhnlichen" Lebens lernen kann.

2. Gefühle und Leidenschaften

i. Liebe in den Tropen

In der Anziehung zwischen Ihnen beiden steckt auch eine ganze Menge Leidenschaft, denn Ihr Partner erlebt wahrscheinlich ein sehr starkes Verlangen nach Ihnen, und Sie sprechen sehr leicht auf seine Eindringlichkeit an. In gewisser Weise setzt er die emotionalen Akzente in dieser Beziehung, denn er findet Ihre Sinnlichkeit und Feinfühligkeit äußerst attraktiv und anregend, so dass er den Wunsch hat, Sie als hochgepriesenes Objekt seines Verlangens zu „gewinnen". Sie dagegen fühlen sich durch das feinfühlige und subtile Herangehen Ihres Partners an das, was er will, beschützt und angeregt. Das Ergebnis ist eine große sexuelle Intensität, die zwar hin und wieder zu Streit und Heftigkeiten führt, aber doch dafür sorgt, dass Sie beide sich unternehmungsfreudig und lebendig fühlen.

ii. Ein Herz und eine Seele

Wahrscheinlich finden Sie Ihren Partner gutaussehend, und durch Ihre Warmherzigkeit und Wertschätzung für ihn hat er das Gefühl, attraktiver und begehrenswerter zu sein. Es gibt einen starken körperlichen Magnetismus und eine sexuelle Stimmigkeit zwischen Ihnen beiden, denn in vieler Hinsicht verkörpert Ihr Partner Ihr Idealbild von gutem Aussehen, Stil und Geschmack – selbst wenn Sie bisher kein solches Ideal hatten. Wahrscheinlich spricht Sie sein verhaltener, aber freundlicher Charme sehr stark an und bewirkt romantische aber auch erotische Gefühle bei Ihnen. Ihr Partner dagegen blüht auf unter Ihrer gütigen und nicht fordernden Art, Ihre Liebe auszudrücken; und beide wissen Sie auf allen Ebenen instinktiv, wie Sie den anderen zufriedenstellen können.

iii. Eine treue Freundschaft

Sie scheinen – indem Sie einfach so sind, wie Sie sind – eine schöpferische Individualität zu verkörpern, die eine sehr sympathische und beschützende Reaktion bei Ihrem Partner bewirkt. Ihr zivilisiertes und höfliches Wesen und Ihr angeborenes Gefühl für Integrität wärmen ihm das Herz und wecken unwillkürlich sein Verständnis und seine Fürsorge, während seine Anmut, seine Freundlichkeit und sein Charme Ihnen größere Zuversicht und ein Gefühl tiefer Geborgenheit und Kameradschaft geben. Auch wenn Ihr Partner mit bestimmten Zielen oder Einstellungen bei Ihnen nicht übereinstimmt, verspürt er dennoch eine tiefe Loyalität Ihnen gegenüber. Das tiefe Gefühl gegenseitiger Unterstützung bietet die Grundlage für eine möglicherweise dauerhafte Verbindung, in der es Freundschaft und Respekt und auch eine starke gegenseitige Anziehung gibt; und das Gefühl der Zusammengehörigkeit, das Sie beide haben, kann ein starkes Gegengewicht zu allen möglichen Konflikten zwischen Ihnen darstellen.

3. Die mentale Ebene

i. Keine ruhige Minute

Das ganz gewöhnliche, alltägliche Selbst Ihres Partners bewirkt eine fast elektrisierende Faszination bei Ihnen – seine kommunikativen Fähigkeiten und sein lebhafter Verstand sind eine außerordentliche Anregung für Sie; Sie werden dadurch aus alten, abgetragenen Gewohnheiten wachgerüttelt, und es eröffnen sich Ihnen neue Ideen und Möglichkeiten. Ihr Partner dagegen hat von Natur aus sympathische und beschützende Gefühle für den gefangenen Geist in Ihnen und ein Gespür für das ungelebte Potential und das eigentlich größere Freiheitsbedürfnis bei Ihnen, das Sie selbst vielleicht noch nicht erkennen. Doch in uns allen gibt es etwas, das sich gegen Veränderungen stemmt. So können die aufregenden neuen Einstellungen und Potentiale, die er bei Ihnen weckt, auch einige Angst bewirken, und vielleicht reagieren Sie mit gelegentlich abrupten und verletzenden Rückzügen, die für sein Gefühl von emotionaler Sicherheit in der Beziehung sehr störend sind.

Wahrscheinlich sind Sie beide anfällig für diese Angst vor bevorstehenden Veränderungen, und besonders Sie fürchten sich vielleicht unbewusst vor Chaos und Zerfall in Ihrer grundlegenden Weltanschauung. Wegen des unberechenbaren emotionalen Klimas zwischen Ihnen kann Ihre gegenseitige Anziehung extreme Schwankungen durchmachen. So kann die Beziehung von Krisen und Trennungen durchzogen sein, die einer oder beide von Ihnen herbeiführen. Doch eines der Dinge, die Sie zueinander geführt haben, ist ein tiefes Bedürfnis bei Ihnen beiden, alte Bindungen und

Einstellungen zu durchbrechen und sich zu verändern. Wenn Ihr Partner Ihre Angst verstehen kann und Ihnen genügend Freiraum lässt, können Sie diese herausfordernde und dynamische Erfahrung zu einem für Sie höchst inspirierenden und erweiternden Erlebnis machen.

ii. Ehrenwerte Absichten

Sie haben es an sich, bei Ihren Partner Gefühle des Entgegenkommens und der Großzügigkeit zu inspirieren, während er Ihre Persönlichkeit belebt und Ihre Erwartungen an das Leben erweitert. Ihre anziehende Wirkung hat nicht nur mit dem Herzen und dem Körper zu tun, sondern auch mit dem Geist und der Phantasie. Ihr Glaube, dass das Leben im Grunde gut und gerecht ist, bewirkt bei Ihrem Partner großes Mitgefühl und Verständnis für Sie, sodass er sein Bestes geben will. So wird er durch das, was er Ihnen geben kann, in seinen Augen ein besserer Mensch. Sie dagegen fühlen sich durch seine Toleranz und sein weites Verständnis wirklicher und einzigartiger. In der gegenseitigen Zuneigung gibt es etwas sehr Romantisches, Abenteuerliches und Überlebensgroßes voller stilisierten Ehrgefühls und hoher Ideale. Vielleicht sind Sie selbst davon überrascht, in welchem Ausmaß Sie bereit sind, Anstrengungen zu investieren und Opfer zu bringen, um die Ideale der Beziehung aufrechtzuerhalten.

iii. Wo Leben ist, ist Hoffnung

Ihre angeborene Vielschichtigkeit und Feinfühligkeit erwecken großmütige und geradezu edle Gefühle bei Ihrem Partner. Mühelos wecken Sie in ihm den Wunsch, sein Bestes für die Beziehung zu geben. Sie wecken auch seinen Optimismus in Bezug auf die Zukunft, Sie erweitern seine Horizonte und geben ihm größeres Vertrauen zu sich selbst und seinen Möglichkeiten. Es ist, als ob Sie ihn sowohl geistig als auch im Herzen berühren würden, und die Freundschaftlichkeit und gegenseitige Rücksichtnahme als Teil Ihrer gegenseitigen Zuneigung macht Sie beide zu besseren Menschen. Ihr Partner bringt dagegen etwas Visionäres und Sinnhaftes in Ihr Leben; denn seine Toleranz und sein Idealismus geben Ihnen das Gefühl, dass das Leben in seiner Gesellschaft größer, weiter gefächert und interessanter ist. Sie beide bringen beim anderen äußerst verfeinerte und idealistische Gefühle zum Vorschein und lassen einen tiefen spirituellen Eindruck davon entstehen, dass das Leben im Grunde gut ist und von sich aus Vorsorge trifft. Selbst wenn Sie dadurch zuweilen etwas zu stilisiert, großartig und extravagant werden, ist auch so sichergestellt, dass Ihnen das Gefühl von Spaß, Abenteuer und Hoffnung kaum jemals abhandenkommen wird.

4. Konflikte und Herausforderungen

i. Am Siedepunkt

Obwohl die gegenseitige sexuelle Anziehung zwischen Ihnen – zumindest anfänglich – wohl sehr groß ist, gibt es in Ihrem Austausch ein verdecktes Katz-und-Maus-Spiel, das ein Hinweis darauf ist, dass bei Ihnen beiden etwas sehr viel Tiefgreifenderes berührt wird. Ihr Partner weckt Ihr Verlangen durch seine Entrücktheit und Zurückgezogenheit ebenso wie durch die besitzergreifenden Züge, die Sie an ihm bewundern. Denn diese Unzugänglichkeit ruft die aus Urzeiten stammende Erregung des Jägers in Ihnen wach. Seine verhaltene Leidenschaft und Feurigkeit ist überaus anziehend für Sie und bedeutet eine Herausforderung für Ihr starkes Bedürfnis nach körperlicher Zuwendung und konkreten Bezeugungen des Verlangens nach Ihnen.

Zunächst wird Ihre Leidenschaft durch diese Unerreichbarkeit oder Unzugänglichkeit Ihres Partners erregt, und daher ist die sexuelle Anziehung zwischen Ihnen sehr stark. Doch wahrscheinlich treffen Sie auf umso mehr subtilen Widerstand, je mehr Sie ihn dazu drängen, Ihnen zu geben, was Sie wollen. Vielleicht stellen Sie einfach fest, dass Sie zusehends ärgerlicher und frustrierter werden. Dabei ist Ihnen wahrscheinlich nicht bewusst, dass er sich von Ihrem vermeintlich größeren Selbstvertrauen und Ihrer Stärke bedroht und eingeschüchtert fühlt. Bewusst oder unbewusst hat er Angst davor, von Ihnen dominiert zu werden; und da Sie etwas Dominantes an sich haben, hat er vielleicht einigen Anlass zu dieser Befürchtung. Er empfindet Ihnen gegenüber wahrscheinlich auch eine unbequeme Mischung aus großer

Bewunderung und starkem Neid, selbst wenn diese Gefühle in Ihren Augen durch nichts gerechtfertigt sind.

Wenn Sie den verdeckten Widerstand Ihres Partners gegen Sie als absichtliche Kälte und Böswilligkeit missverstehen, könnte das zu einem höchst frustrierenden Machtkampf zwischen Ihnen führen, denn er empfindet alles andere als Kälte für Sie. Dagegen haben Sie vielleicht manchmal Schwierigkeiten mit Ihrem Hang zu zornigen und absichtlich verletzenden Reaktionen. Dieser Anteil Ihrer gegenseitigen Anziehung kann wirklich äußerst schwierig sein, wenn Sie beide sich seiner Dynamik nicht bewusst sind. Denn im Laufe der Zeit können daraus Bitterkeit und angewöhnte Verhaltensmuster werden, mit denen Sie sich gegenseitig auf äußerst verletzende Weise hintertreiben – besonders in sexueller Hinsicht. Sie beide könnten aber auch versuchen, aus dieser Spannung etwas über sich selbst und den anderen zu lernen; denn mit etwas Liebe und Anstrengung könnte daraus eine sehr kreative Energie werden, die überaus heilsam für die verborgenen Unzulänglichkeitsgefühle Ihres Partners wäre und Ihnen zu mehr Geduld, Toleranz und Verständnis für menschliche Schwächen verhelfen könnte.

ii. Gegenseitige Therapie

Ihre Fähigkeit, sich im Reich der Ideen und Abstraktionen zurechtzufinden, ruft bei Ihrem Partner einerseits Bewunderung hervor, doch weckt sie andererseits auch tiefsitzende Ängste in Ihm. Sie scheinen nicht nur alles zu verkörpern, was er respektiert und schätzt, sondern auch alles, zu dessen Ausdruck er sich selbst nicht fähig fühlt. Denn Sie sind – und sei es auch ungewollt – der Auslöser für unbewusste Verletzungen und Frustrationen, die noch aus seiner Kindheit stammen und sehr wahrscheinlich in dieser Beziehung auf sehr beunruhigende Weise zutage treten werden. Vielleicht gesteht sich Ihr Partner die Herausforderung nicht offen ein, die Sie für ihn darstellen, indem Sie einfach nur Sie selbst sind, und vielleicht kann er auch seine Verletzbarkeit und sein Bedürfnis nach Ihnen nicht annehmen; dann wird er wahrscheinlich manchmal eine kritische und abwehrende Haltung zeigen und vielleicht sogar seine Gefühle auf abrupte und verletzende Weise einstellen.

Weil durch Ihre gegenseitige Zuneigung eine tiefere Ebene des Austauschs angesprochen wird, ist auch sehr viel mehr Bewusstheit bei Ihnen beiden erforderlich. Wahrscheinlich sind Sie sehr feinfühlig für die Angst Ihres Partners vor der physischen Welt, einschließlich seines eigenen Körpers und seines Bildes von sich selbst, und wahrscheinlich haben Sie ein stark beschützendes und loyales Gefühl für die verletzte und ängstliche Seite bei ihm; aber vermutlich werden Sie beide sich doch hin und wieder unabsichtlich einige Schrammen beibringen. Wenn Sie es vermeiden wollen, in dieser Beziehung zu verletzen und verletzt zu werden, müssen Sie beide in Bezug auf sich selber offen und ehrlich sein. Die Heilung, die Ihr Partner bei Ihnen sucht, kann wirklich vollzogen werden. Der Schlüssel dazu liegt bei Ihnen in Ihrer Fähigkeit, sowohl Mitleid für seine Fehler und Schwächen zu empfinden, als auch seine Stärken zu bewundern; bei ihm kommt es darauf an, diese realistischere aber auch dauerhaftere Art der Liebe zu akzeptieren.

iii. Gefühle in der Sackgasse

Sie scheinen ein natürliches Mitgefühl für die Unbeholfenheit Ihres Partners zu empfinden, wenn er seine kreativen Ideen ausdrücken will, und dadurch entsteht bei Ihnen eine große Bereitschaft, ihn zu beschützen. Sie spüren, dass er sich in diesem Bereich scheu und abwehrend verhält, selbst wenn er das nicht erkennt oder zugibt; und Sie versuchen, feinfühlig und taktvoll auf ihn einzugehen, wenn diese „heißen" Themen berührt werden. Er dagegen braucht dieses Gefühl von Schutz und Geborgenheit, weil er dadurch eine Art Heilung seiner Verletzungen und Verlusterlebnisse aus frühester Kindheit erfährt. Er musste darum kämpfen, Stärken zu entwickeln, die Ihnen wiederum Stabilität und Struktur vermitteln und Ihre extreme emotionale Feinfühligkeit und Ihr Bedürfnis nach Nähe unterstützen können. Da Ihr Partner aber durch Ihr Eingehen auf ihn zutiefst berührt und bewegt ist, wird dies trotzdem einige alte Angstgefühle aus der Kindheit wachrufen; und die übergroße Verletzlichkeit, die dadurch bei ihm entstehen kann, führt möglicherweise dazu, dass er manchmal mit scheinbarer Kälte, Ablehnung oder schneidender Kritik reagiert. Sie sind höchst empfindlich gegenüber solchen Abwehrmaßnahmen, weil Sie ziemlich abhängig von seiner Unterstützung sind. Vielleicht sollten Sie lernen, hin und wieder für sich selbst zu stehen und die Dinge einfach geschehen zu lassen, denn sonst stellen Sie womöglich fest, dass Sie deprimiert, einsam und sehr selbstmitleidig werden.

Wenn Sie beide sich dieser komplizierten Dynamik nicht stellen und damit arbeiten, brauchen Sie sich nicht darüber zu wundern, wenn sich leicht Verstimmungen und unausgesprochener Zorn zwischen Ihnen einstellen und Sie dabei in vielen Fällen beide nicht recht verstehen, warum oder wie es dazu kam. Doch Sie können diese oft schwierige Energie zu einem äußerst kreativen Austausch nutzen, weil Sie beide sich brauchen und sich gegenseitig eine tief empfundene Loyalität und starke emotionale Unterstützung bieten können – allerdings ist bei Ihnen beiden große Ehrlichkeit sich selbst und dem anderen gegenüber erforderlich. Denn wahrscheinlich empfindet Ihr Partner in Ihrer Nähe eine Unbeholfenheit und Ängstlichkeit, die aus seinen unausgesprochenen Befürchtungen entsteht; und dadurch versagt er Ihnen vielleicht widersinniger Weise die wichtigste emotionale Sicherheit gerade dann, wenn Sie sie am dringendsten brauchen.

iv. Zwiespältige Gefühle

Ihr Partner bewirkt recht zwiespältige Gefühle bei Ihnen. Sicher verspüren Sie Zuneigung und Bewunderung und auch ein stark beschützendes Gefühl für ihn, und deshalb wollen Sie ihm Unterstützung, Hilfe und Anleitung geben. Doch wahrscheinlich fühlen Sie sich – bewusst oder unbewusst – manchmal auch scheu oder unbeholfen gegenüber dem, was Sie als seine überlegenen oder spontaneren Fähigkeiten erleben. Ihre Wechselwirkung mit ihm hat etwas von der Beziehung liebevoller Eltern zu einem begabten, angebeteten Kind – eine vielschichtige Mischung aus Liebe und Neid, Schutz und Kritik. Vielleicht projizieren Sie das ungelebte Kind in sich auf Ihren Partner, denn in mancher Hinsicht erinnert er Sie daran, wie Sie selbst gerne gewesen wären; und er erinnert Sie auch an die alten Verletzungen und Enttäuschungen Ihrer frühesten Lebensabschnitte, die Sie davon abhielten. Indem Sie Ihrem Partner also Unterstützung und Geborgenheit bieten, versuchen Sie auch, Ihre eigenen Wunden zu heilen. Doch Ihre emotionalen Hemmungen können Sie auch entweder in die Defensive oder zu einem fordernden oder ungewollt kritischen Verhalten drängen. So können Sie Ihrem Partner zwar ein tiefes Gefühl der Stabilität und Stärke geben und ihm damit helfen, seinem Bedürfnis nach weltlichen Errungenschaften Form und Gehalt zu geben. Doch auch Sie haben oft das Bedürfnis, Kind zu sein und nicht die weisen Eltern, die auf alles eine Antwort haben.

III. Der Charakter Ihrer Beziehung

1. Die Beziehung als unabhängiges Wesen

i. Eine Beziehung mit einem feurigen Herzen

Das Wesentliche an Ihrer Beziehung zu Ihrem Partner ist die Lebhaftigkeit. Diese ursprüngliche, dynamische Energie zwischen Ihnen ist sehr vielschichtig und kann in verschiedene Bahnen gelenkt werden. Manche davon erweisen sich vielleicht als überaus kreativ und lebendig. Doch die Flüchtigkeit dieser Energie kann auch zu Streitigkeiten, Konkurrenzdenken und – wenn keiner von Ihnen die Verantwortung für das übernehmen will, was Sie gemeinsam hervorbringen – sogar zu Gewalt führen. Irgendwie fühlen Sie und Ihr Partner sich in Gegenwart des anderen lebendiger. Zwischen Ihnen entsteht das Gefühl, dass das Leben etwas Aufregendes ist, dass es größer und schöner sein kann und dass es nichts gibt, was Sie als Paar nicht erreichen könnten – wenn es Ihnen nur gelänge, Ihre Bemühungen auf gemeinsame Ziele zu richten. Diese Beziehung wird wahrscheinlich Ambitionen in Ihnen beiden wecken, auch wenn keiner von Ihnen in anderen Partnerschaften besonders zielstrebig oder ambitioniert war. So planen Sie jetzt für die Zukunft und arbeiten hart auf Ziele hin, die Sie bisher vielleicht nie als wünschenswert erkannt haben.

Sie sind verletzbar und kaum aggressiv, und Sie neigen dazu, sich den härteren Seiten des Lebens ausgeliefert zu fühlen; deshalb empfinden Sie die dynamische und manchmal unberechenbare explosive Energie Ihrer Beziehung vielleicht als sehr beunruhigend. Die Beziehung erfordert Getrenntheit und unabhängige schöpferische Anstrengungen, und dadurch fühlen Sie sich manchmal müde, ausgelaugt und einsam; vielleicht ist Ihnen auch das unkonventionelle oder unbeständige Bild peinlich, das Sie als Paar in der Öffentlichkeit abgeben. Die Beziehung wird Sie unweigerlich dazu herausfordern, Ihre Vorstellung von der Liebe so zu erweitern, dass sie auch etwas völlig Unübliches umfassen kann. Vielleicht sind Sie sehr irritiert, wenn Sie bei anderen weder Zustimmung noch Verständnis für die Eigenart dieser Verbindung finden, doch wenn Sie den alchemistischen Prozess der Beziehung an sich arbeiten lassen, stellen Sie vielleicht fest, dass Ihr Selbstvertrauen und Ihre Eigenständigkeit sehr stark zunehmen. Dann können Sie auch viel besser auf Ihre eigene innere Stimme hören, anstatt den allgemeinen Vorstellungen davon, was „normal" und „richtig" ist, zu folgen.

Doch Sie und Ihr Partner bringen jeder beim anderen auch einen eher widersinnigen und aggressiven Anteil zum Vorschein, denn dies ist ein grundlegender Bestandteil der Beziehung.

Wahrscheinlich können andere den starken kreativen Austausch zwischen Ihnen beiden kaum spüren, denn nach außen hin zeigen Sie als Paar ein charmantes, anmutiges und intellektuell kraftvolles Bild – ob Sie sich dessen bewusst sind oder nicht. Was sich auch immer gerade noch zwischen Ihnen beiden abspielte, es ist sehr unwahrscheinlich, dass Sie sich anderen gegenüber zu irgendwelchen emotionalen Dingen zwischen Ihnen äußern. Denn die Partnerschaft zeigt nach außen hin eine interessante und anregende Art der Konversation, die wenig von Ihren wirklichen Gefühlen ahnen lässt. Wahrscheinlich sind Sie ein stilbewusstes und faszinierendes Paar und wirken mit Ihrer Brillanz sehr anziehend auf andere. Dieses äußere Erscheinungsbild passt sehr gut zu der Originalität und Lebhaftigkeit, die das eigentliche Wesen Ihrer Beziehung ausmacht.

Die gleiche Energie, die Sie beide zu größeren gemeinsamen Anstrengungen bewegt, macht auch jedem einzelnen von Ihnen seine individuellen Wünsche deutlicher. So werden Ihnen die Unterschiede auf beiden Seiten und die verschiedenen Willenskräfte vielleicht ungewöhnlich stark bewusst. Das kann manchmal so weit gehen, dass Sie förmlich überkochen und es scheint, als könnten Sie gar nicht anders als miteinander zu kämpfen. Das kann zu einer Beziehung führen, in der Sie beide – anstatt gemeinsame Ziele zu verfolgen – sehr viel wertvolle Energie darauf verschwenden, sich gegenseitig bis zur Unterwerfung einzuschüchtern – emotional, verbal oder sogar körperlich. Sie und Ihr Partner werden neue Seiten Ihrer Persönlichkeit entdecken, denn durch diese Beziehung wollen Sie beide für das kämpfen, was Sie für richtig halten. Der Dreh- und Angelpunkt der Sache ist für Sie, Dinge zu finden, die Sie auch *beide* für richtig halten, und herauszufinden, wie Sie draußen in der Welt *für* diese Dinge kämpfen können, anstatt gegeneinander. Möglichkeiten zu den meisten Zusammenstößen, aber auch zu den besten gemeinsamen Anstrengungen ergeben sich wahrscheinlich im Bereich persönlicher Auseinandersetzungen, z. B. über Ihre verschiedene Ausdrucksweise, Ihre Überzeugungen und Ideale und Ihren persönlichen Stil. Obwohl Sie und Ihr Partner sich vielleicht oft im Kriegszustand miteinander befinden und wütend darüber streiten, wer recht hat und wer schuld ist, werden Sie eigentlich beide durch die Beziehung dazu angeregt, sich selbst als Individuen abzugrenzen. Die dynamische Energie Ihrer Verbindung zwingt Sie zu lernen, wie Sie sich selbst behaupten können, auch wenn Sie es verständlicherweise manchmal lieber etwas gesetzter und weniger aufregend hätten. Es kann einige Zeit dauern, bis Sie und Ihr Partner diese so machtvolle Energie in den Griff bekommen – besonders dann, wenn Sie davon ausgehen, dass wahre Liebende sich niemals streiten. Sie sollten versuchen, Ihre Ressourcen zusammenzulegen und die feurigen Eigenschaften, die sich bei Ihnen beiden ergeben, auf gemeinsame Ziele hinzulenken. Dann hätten Sie mehr von der Befriedigung durch Herausforderung und Sieg und weniger Verletzungen durch andauernde Zusammenstöße.

ii. Kreativer Wettstreit

Diese Beziehung ist voller dynamischer, lebhafter Energie, die sich in konkreten Zielen in der Welt ausdrücken muss. Außerdem gibt es noch einen anderen Anteil der Partnerschaft, der das Gefühl erzeugt, etwas Einzigartiges zu sein und eine besondere „Bestimmung“ zu haben, und dieser weitere Anteil braucht zu seiner Erfüllung irgendeine kreative Ausdrucksmöglichkeit. Die Kombination dieser beiden Faktoren – ungeformte Energie und inspiriertes Sinngefühl – kann dafür sorgen, dass das „dynamische Duo“, zu dem Sie beide werden können, eine große Wirkung auf seine unmittelbare Umgebung hat und sich neue – sowohl individuelle als auch gemeinsame – phantasievolle Ausdrucksmöglichkeiten eröffnet, vorausgesetzt, dass Sie und Ihr Partner diese Beziehung als ein Reservoir schöpferischen Potentials ansehen können und nicht als einen Boxring. Es gibt Bereiche, in denen die Herausforderungen, denen Sie als Paar begegnen, Sie zu wirklichem Wachstum und echter Entwicklung inspirieren werden, wenn Sie Ihre Begabungen und Fähigkeiten miteinander teilen. Dies betrifft die Entwicklung Ihrer gemeinsamen intellektuellen und kulturellen Interessen durch kreative Projekte, die etwas mit Schriftstellerei, einer Lehrtätigkeit oder den Medien zu tun haben könnten; ebenso wäre ein aktives Engagement zusammen mit anderen für soziale, politische oder humanitäre Aufgaben denkbar. Die Beziehung wird wahrscheinlich am lebendigsten, wenn Sie beide etwas zur geistigen Entwicklung anderer beitragen.

Aufgrund Ihrer feurigen und vorwärts gerichteten Energie braucht diese Beziehung Visionen und praktische Umsetzungsmöglichkeiten, um sich auszudrücken; Sie müssen beide daran beteiligt sein und sich dazu verpflichtet fühlen, sich um diese Dinge zu kümmern. Es wäre wohl kaum hilfreich, wenn Sie und Ihr Partner an einer eher traditionellen Rollenverteilung festhalten wollten, bei der einer den kreativen Geist spielt, während der andere geduldig zu Hause sitzt und sich um die weltlichen Aufgaben kümmert. Diese Art von Beziehung ist es einfach nicht und wird es wohl auch nie werden, selbst wenn Sie beide noch so traditionelle Wertvorstellungen haben. Obwohl jeder einzelne mit den alltäglichen Aufgaben und menschlichen Grenzen der Beziehung zurechtkommen muss, geht es bei Ihrer Partnerschaft im Kern um etwas anderes: Vor allem sind Sie ein dynamisches Team, das einen eigenständigen kreativen Beitrag zu leisten hat. Jede Bemühung, die das unterstützt, wird Ihnen beiden sehr viel Ärger und Frustration ersparen und Ihnen helfen, die vitale und herausfordernde Energie Ihrer Verbindung optimal einzusetzen.

Eines gibt es, das Sie beide in dieser Beziehung wahrscheinlich nie erleben werden, und das ist Langeweile. Es gibt viel zu viel Energie in Ihrer Partnerschaft, als dass sie je auf eine stagnierende Häuslichkeit hinauslaufen würde. Doch Sie werden beide eine extra Portion Toleranz und Humor benötigen, denn es gibt zwei große Schwierigkeiten, die diese Beziehung bei jedem von Ihnen zum Vorschein bringen wird: einmal die Überzeugung, dass Sie absolut recht haben, und zum anderen die Neigung dazu, aus Kleinigkeiten einen Kampf auf Leben und Tod zu machen. Wahrscheinlich wird die Erde nicht aufhören, sich zu drehen, nur weil Sie die Wand grün anstreichen und nicht blau. Die aufregenden Unterschiede zwischen Ihnen, die Ihnen durch die Beziehung so deutlich werden, können eine starke und dauerhafte gegenseitige sexuelle Anziehung nähren und Ihnen beiden eine enorme kreative Erweiterung Ihres Lebens ermöglichen. Denn Sie sind zwei deutlich abgegrenzte und starke Persönlichkeiten, deren Gaben jedem gemeinsamen Ziel oder Vorhaben zugutekommen. Wenn Sie und Ihr Partner Ihre Keulen gelegentlich beiseitelegen und den elektrisierenden Strom genießen, der zwischen Ihnen verläuft, werden Sie das Beste aus der dynamischen Energie Ihrer Verbindung machen können. Doch wenn Sie eine unverfängliche Partnerschaft wollen, in der es immer nur heißt: „Ja, Liebling, wenn du es sagst, ist es mir schon recht", werden Sie wahrscheinlich kein großes Glück haben.

2. Die Beziehung uns Sie selbst

i. Glücklich im Hafen

Wahrscheinlich hat Ihre Partnerschaft tiefgreifende Auswirkungen auf Ihr emotionales Leben, denn die kreative Energie dieser Beziehung befriedigt Ihre tiefsten emotionalen Bedürfnisse und gibt Ihnen das Gefühl, „zu Hause“ zu sein. Vielleicht haben Sie auch den Eindruck, dass die Beziehung irgendwie für Sie sorgt, auch wenn Sie diejenige sind, die sich um Ihren Partner kümmert, und es ist gut möglich, dass Ihr Sicherheits- und Wohlgefühl allmählich von der lebensspendenden Kraft der Beziehung abhängig wird. Vielleicht erfahren Sie ein Gefühl der Sinnhaftigkeit und Zusammengehörigkeit, das Sie auf der instinktiven Ebene unterstützt, Ihrem Leben einen Zweck gibt und Ihr Bedürfnis, gebraucht zu werden, befriedigt. Da Sie wahrscheinlich so sehr an dieser Beziehung hängen und auf sie angewiesen sind, werden Sie vermutlich zu vielen Kompromissen und Opfern bereit sein, die Sie in früheren Beziehungen nicht geduldet hätten. So entdecken Sie möglicherweise Seiten Ihrer eigenen Fähigkeit zur Fürsorge für andere, die Ihnen bisher vielleicht nicht völlig bewusst waren. Dies ist eine überaus wichtige Beziehung für Sie, weil sie Ihnen ein so starkes Gefühl der Verwurzelung im Leben gibt und Sie auf einer so tiefen Ebene anspricht.

ii. Sichere vier Wände

Wahrscheinlich fühlen Sie sich in dieser Beziehung sehr sicher und geborgen, besonders was die Art und Weise angeht, in der andere Sie beide als Paar sehen. Sie brauchen die Partnerschaft, denn sie scheint Ihnen eine dem allgemeinen Ansehen nach sichere und stabile Struktur zu bieten; und selbst wenn Sie emotionale Konflikte durchmachen, berühren die äußere Erscheinung und der Stil der Beziehung Sie wahrscheinlich zutiefst und geben Ihnen ein Gefühl, als wären Sie hier zu Hause. Das kann natürlich dazu führen, dass Sie alle möglichen anderen Beziehungsangelegenheiten, mit denen Sie sich auseinandersetzen sollten, vermeiden wollen. Nichtsdestotrotz erfüllt diese Verbindung einige sehr wichtige Sicherheitsbedürfnisse; und wenn Sie sicherstellen können, dass Sie diese Bedürfnisse nicht dazu benutzen, um andere, unbequemere Abläufe zu verbergen, die eigentlich ans Tageslicht gebracht werden müssten, kann Sie zufrieden auf der soliden Grundlage ausruhen, die Ihnen diese Beziehung bietet.

iii. Bestärkung der Identität

Der emotionale Austausch und die Wärme, die Ihnen diese Beziehung bietet, kann ein starker Auslöser für Ihren kreativen Ausdruck und Ihr Gefühl individueller Einzigartigkeit sein. Die Partnerschaft gibt Ihnen eine Unterstützung und Geborgenheit, die es Ihnen erlaubt, sich zuversichtlicher zu fühlen und mehr Sie selbst zu sein; und da Sie eine Bestätigung und Bestärkung Ihrer eigenen Werte und Ihrer Identität erfahren, werden Sie auch Ihren kreativen Zielen in der Außenwelt besser nachgehen können. Ihre Beziehung zu Ihrem Partner ist eine Art „Zuhause“ für Sie, ganz gleich, welche Konflikte sie auch hervorbringen mag; denn die besondere emotionale Stimmung in dieser Verbindung harmoniert mit ihrem eigenen Wesen und bietet Ihnen ein Gefühl der Verwurzelung und Unterstützung, auf das Sie wohl nur schwerlich verzichten wollen.

iv. Schöne Gedanken

Wahrscheinlich werden Ihr Denken, Ihre Einstellungen und Ihre Ausdrucksfähigkeit sehr positiv von den romantischen Anteilen dieser Beziehung beeinflusst. Weil Sie sich geliebt fühlen, werden Sie sich wahrscheinlich geistig für ästhetischere und harmonischere Gedanken und Studiengebiete öffnen, und vielleicht legen Sie allmählich auch manche starre und voreingenommene Haltung ab, die Sie bislang unbewusst zeigten. Es gibt etwas Harmonisches in der Beziehung, das Sie tief berührt und Sie das Leben sehr viel glücklicher und positiver betrachten lässt; und vielleicht sind Sie auch sehr viel zuversichtlicher in der Formulierung Ihrer Ideen und im Gebrauch Ihrer Talente und flüssiger im Ausdruck Ihrer Vorstellungen und Gefühle.

v. Innere Erneuerung

Die Macht dieser Beziehung und ihr Einfluss auf Ihre tieferen Emotionen können manchmal alarmierend für Sie sein, denn dies führt möglicherweise zu tiefgreifenden und bleibenden inneren Veränderungen bei Ihnen. Vielleicht haben Sie manchmal das Gefühl, als wären Sie von der Energie der Beziehung „besessen", als wäre etwas Schicksalhaftes in Ihrem Leben wirksam, auf dessen Wichtigkeit Sie vielleicht etwas zu sehr fixiert sind. Vielleicht treffen Sie in sich selbst auch auf einige recht primitive und destruktive Gefühle; denn sobald Sie das Gefühl haben, irgendwie kontrolliert zu werden, reagieren Sie wahrscheinlich mit dem Versuch, selbst die Kontrolle zu erlangen – sowohl über die Beziehung als auch über Ihren Partner; und vielleicht werden Sie sehr wütend, wenn es nicht nach Ihrem Kopf geht. Möglicherweise bedienen Sie sich auch emotional manipulativer Methoden, um ein gewisses Gefühl der Macht innerhalb der Beziehung wiederherzustellen. Vielleicht reagieren Sie sogar mit dem Versuch, sich aus der Beziehung zurückzuziehen, weil sie wahrscheinlich tiefgreifende äußere und innere Veränderungen in Ihr Leben bringen wird. Doch falls Sie diese schwierigen Reaktionen tatsächlich bei sich erleben, haben Sie immer noch die Wahl und können sich der Teilnahme an Machtkämpfen enthalten, die Sie letzten Endes Ihrem Partner nur entfremden würden. Dadurch könnten Sie auch viel größeren Einblick in Ihre eigenen Tiefen gewissen. Diese Selbsterkenntnis könnte Ihre Ziele und Ihre ganze Lebenseinstellung von Grund auf verändern.

vi. Die Tiefkühltruhe abtauen

Ihre Beziehung zu Ihrem Partner hat eine machtvolle Wirkung auf die unbewussten Abwehrmechanismen, die Sie gegen Ihre eigene Verwundbarkeit aufgebaut haben. Die emotionale Großzügigkeit und das Gefühl künftiger Möglichkeiten in der Beziehung sind eine unmittelbare Herausforderung für die Bereiche, in denen Sie über viele Jahre hinweg ein System zum Schutz gegen Verletzungen errichtet haben. Dies geht auf frühe Kindheitserfahrungen zurück, in denen Sie in Ihrem emotionalen Leben darauf angewiesen waren, bestimmte Gefühle auszuschließen. Alle Menschen haben in der einen oder anderen Form ein solches Abwehrsystem, denn keine Kindheit ist vollkommen, und kein Mensch ist sich ganz und gar selbst genug und vertraut völlig auf sich selbst. Doch die meiste Zeit Ihres Lebens ist es Ihnen vielleicht gelungen, Situationen zu vermeiden, die Ihnen Ihre eigene Angst und Verwundbarkeit so deutlich bewusst gemacht hätten. Diese Beziehung kann die Barrieren zwischen Ihnen und anderen durch ein verstärktes Gefühl des Vertrauens abbauen, das sie bei Ihnen bewirkt. Das ist zwar vielleicht manchmal schmerzhaft, doch jede Bemühung um Ehrlichkeit sich selbst gegenüber wird diesen Vorgang fördern. Ihnen wird nicht nur eine Gelegenheit geboten, das Leben besser zu verstehen, sondern sich dem Leben auch mit einer größeren Aufnahmebereitschaft und mehr Vertrauen zu öffnen.

3. Die Beziehung und Ihr Partner

i. Ein Traum von vollkommener Liebe

Die geheimen Phantasien Ihres Partners werden durch die sexuelle Seite dieser Beziehung sehr stark angeregt, und dadurch fühlt er sich vielleicht manchmal ekstatisch und ein anderes Mal sehr verletzbar und unwohl. Die besondere Art von Leidenschaft in der Beziehung macht ihm seine Abhängigkeit und emotionale Bedürftigkeit zutiefst bewusst und weckt wahrscheinlich auch einen höchst idealistischen Traum von vollkommener Liebe, der ihn enorme Erwartungen an die Beziehung stellen lässt. Etwas an den Reaktionen, die die Partnerschaft bei ihm hervorruft, ist schwer greifbar und sehr verwirrend, und vielleicht hat er manchmal das Gefühl, als hätte er die Kontrolle über sein eigenes Leben verloren und müsste jeder Richtung folgen, die die Beziehung einschlägt. Daher reagiert er vielleicht sehr stark abwehrend auf seine eigene Verwirrung und Verletzbarkeit und macht unbewusst Dinge, mit denen er die Ziele und die Entwicklungsrichtung der Beziehung auf sehr subtile Weise sabotiert. Die Phantasien und Erwartungen, die Ihr Partner an diese Verbindung knüpft, scheinen manchmal tatsächlich auf eine vollkommene erotische Einheit hinauszulaufen. Doch wenn er die objektiver betrachtet, wird er viele unnötige Enttäuschungen vermeiden. Die Besonderheiten der dynamischen Energie in dieser Partnerschaft können ihm helfen, sich seiner tieferen emotionalen Bedürfnisse deutlicher bewusst zu werden und stärker dazu bereit zu sein, diese Gefühle mit Ihnen zu teilen.

ii. Tiefste Emotionen

Die emotionalen Bedürfnisse der Beziehung könnten machtvolle und sogar besitzergreifende Gefühle bei Ihrem Partner bewirken. Etwas am Austausch der Gefühle zwischen Ihnen beiden weckt wahrscheinlich all seine Leidenschaft und Intensität, und vielleicht hat er manchmal sogar das Gefühl, irgendetwas hätte von ihm Besitz ergriffen – besonders dann, wenn er bisher in Beziehungen einigermaßen objektiv war. Es kann gut sein, dass er aufgrund der starken und recht primitiven Art seiner Reaktionen an eine „schicksalhafte" Liebe denkt. Doch das heißt nicht unbedingt, dass das Schicksal hier am Werk ist; wahrscheinlich bedeutet es eher, dass eine bislang unbewusste und recht archaische Gefühlsebene Ihres Partners zutiefst berührt wurde und dass jegliche auch nur ein klein wenig kompliziertere moderne Vorstellung von Liebe angesichts einer solchen archetypischen Eruption verschwindet wie weggeblasen. Dieser neue Einblick in seine eigenen Tiefen ist ihm vielleicht nicht gerade willkommen, und deshalb könnte er leicht in Versuchung geraten, die Beziehung zu zerstören, um so ihrer verändernden Wirkung zu entkommen. In der Hoffnung, sein eigenes Gefühl der Verletzbarkeit dadurch herabsetzen zu können, greift er vielleicht auch auf manipulative Spiele zurück und benutzt Gefühle, um Sie zu dominieren. Doch wenn er bereit ist, sich diesen tiefgreifenden Gefühlen zu stellen und mit ihnen zu leben, kann er sehr an Tiefe und Einsicht gewinnen. Diese Erfahrung kann sein Verständnis von Liebe und von sich selbst völlig verwandeln.

iii. Machtspiele

Das romantische Versprechen dieser Partnerschaft bewirkt vielleicht sehr machtvolle und beunruhigende Gefühle bei Ihrem Partner. Etwas an dem erotischen Gefühl in der Beziehung weckt seine primitivsten Emotionen, besonders sein Bedürfnis, diejenige zu besitzen, die er liebt. Vielleicht gefällt ihm die Stärke der erotischen Anziehung, die er erlebt, nicht, weil er sich dadurch überwältigt und verletzbar fühlt. Dementsprechend lässt er sich möglicherweise zu manipulativen Machtspielen hinreißen und versucht, die Kontrolle über seine eigenen Gefühle wiederzugewinnen, indem er Sie beherrscht. Diese Machtspiele werden sehr wahrscheinlich auf der sexuellen Ebene der Beziehung ausgetragen, und es kann sehr unglückliche emotionale Folgen haben, wenn Ihr Partner sich seines Tuns nicht bewusst ist. Besonders im Zusammenhang mit Dreiecksverhältnissen können sich Krisen entwickeln, wobei es zu Ausbrüchen von extremer Eifersucht und Wut kommen kann. Doch wenn er sowohl Leidenschaft als auch Verletzbarkeit bei sich zulassen kann ohne abwehrend zu reagieren, wird er wesentlich größeres Verständnis und Mitgefühl für sich selbst entwickeln und tiefe Einsichten in die dunkleren Seiten der Liebe gewinnen.

iv. Ausbrechen

Etwas Energisches, Ehrgeiziges und Leidenschaftliches in dieser Beziehung setzt Ihren Partner vielleicht für einen Großteil der Zeit unter Spannung. Es kann sein, dass er auf die geringste Provokation mit Streitereien und einem destruktiven Verhalten reagiert, das für ihn vielleicht genauso überraschend ist wie für Sie. Obwohl die sexuelle Seite der Beziehung wahrscheinlich sehr aufregend und inspirierend für ihn ist und er infolge der geistigen Anregung, die die Beziehung ihm bietet, auch neue und einfallsreiche Ideen und Ziele hat, kann er auf den starken Anreiz der Verbindung – infolge der großen Spannung in ihr – auch sehr unangenehm reagieren. Wenn er mit den neuen Horizonten, die sich ihm öffnen, aus Furcht oder aus Angst vor Veränderungen nicht zurechtkommt, versucht er vielleicht, seine alten, tief eingewurzelten Einstellungen zu schützen, indem er aus der Beziehung ausbricht; oder er versucht, die Kontrolle auf sehr rücksichtslose, vielleicht sogar handgreifliche Weise zu erlangen. Doch vielleicht kann er die Furcht und die Spannung beherrschen und zulassen, dass die Beziehung Veränderungen an seiner Perspektive und seiner Wahrnehmung vom Leben bewirkt. Denn dann wird er ein sehr viel größeres und tieferes Gefühl innerer und auch äußerer Freiheit entwickeln.

v. Es gibt nichts geschenkt

Die Erscheinungsweise der Beziehung in der Außenwelt und die Reaktionen, die sie bei anderen Menschen hervorruft, können zutiefst zwiespältige Gefühle in Ihrem Partner wecken. Einerseits berührt ihn wahrscheinlich das tiefe Gefühl der Verantwortung und Dauerhaftigkeit, aufgrund dessen er wahrscheinlich eine lang anhaltende Verbindung schaffen will, die von der Allgemeinheit als eine stabile Partnerschaft wahrgenommen werden kann. Doch andererseits fühlt er sich vielleicht auch gefangen oder eingeschränkt vor der Stärke und der Last dieser Partnerschaft und von den Opfern, die sie ihm abverlangt. Das Gefühl von Struktur und Dauerhaftigkeit, das die Beziehung bei ihm entstehen lässt, befriedigt seine tiefsten Sicherheitsbedürfnisse und kann ein gutes Stück weit zur Heilung der Wunden aus seiner Vergangenheit beitragen. Doch wahrscheinlich wird er auch akzeptieren müssen, dass er sich gelegentlich beladen, niedergedrückt oder desillusioniert fühlt – besonders dann, wenn er in der Vergangenheit ein eher romantischer Typ war. Offen gesagt, wird er unter dem Einfluss der Partnerschaft sehr viel erwachsener werden, besonders in seinem Umgang mit der Gemeinschaft, und vielleicht muss er für diese Beziehung bedeutende Opfer bringen – er sollte versuchen, sich nicht über den Preis zu ärgern.

vi. Ein trüber Spiegel

Das Bild, das diese Beziehung nach außen hin abgibt, und die Reaktionen, die andere darauf zeigen, wecken wahrscheinlich äußerst unangenehme Gefühle bei Ihrem Partner. Das liegt daran, dass alte Verletzungen aus der Kindheit berührt werden und er vielleicht ein ganz ungewöhnliches Gefühl der Unbeholfenheit und Verletzbarkeit empfindet, wenn Sie gemeinsam in irgendeiner Form auf der gesellschaftlichen oder beruflichen Bühne auftreten. Irgendwie durchdringt die Beziehung seine Abwehrstellungen, aber nicht, weil Sie beide sich gegenseitig irgendetwas antun würden; vielmehr ist es die Form, die die Beziehung annimmt, sobald Sie beide gemeinsam der Außenwelt entgegentreten, die dazu geeignet ist, tiefe und zeitlich weit zurückliegende Angstgefühle bei Ihrem Partner zu wecken. Vielleicht versucht er, sich dagegen zu schützen, indem er ein Benehmen kultiviert, das die Beziehung abwertet und seine wirklichen Gefühle verbirgt; oder vielleicht vermeidet er ganz einfach Situationen, in denen er sich so bloßgestellt fühlt. Doch vielleicht kann er sich selbst gegenüber ehrlich sein und die Einsichten nutzen, die er aus seinen unangenehmen Reaktionen gewinnt, um seine eigene, komplizierte innere Welt zu verstehen. Dann könnte er eine große Heilung in den Bereichen seiner Persönlichkeit erfahren, die lange Zeit im Dunkeln verborgen lagen.

IV. Welche tieferen Dinge die Beziehung in Ihnen berührt

1. Grundlegende Beziehungsstrukturen bei Ihnen

i. Dunkelheit und Tiefe

Was auch immer Weiblichkeit bewusst für Sie bedeuten mag, in Ihrem Inneren gibt es eine Vorstellung von der Frau als Seherin, Zauberin und manchmal rachsüchtiger Zerstörerin. Diese Vorstellung zeigt sich im Mythos am besten in den Göttinnen, die über die verborgene Seite des Lebens herrschen, z. B. in Persephone, der Königin der griechischen Unterwelt, und in Hekate, der Göttin der Magie und Zauberei. Es ist ein sehr mächtiges und geheimnisvolles inneres Bild der Weiblichkeit, dessen kreativste Eigenschaften eine tiefe Einsicht in das menschliche Wesen und die Fähigkeit sind, die verborgenen Tiefen unter der Oberfläche des Lebens zu sehen. Doch Tiefe und emotionale Intensität gehen bei dieser uralten, archetypischen Gestalt Hand in Hand: Beziehungen werden nicht auf die leichte Schulter genommen, und auch Geringschätzung und Verletzungen werden nicht vergessen. Medea, die rachsüchtige Zauberin, die erst ihre Rivalin und dann ihre eigenen Kinder tötet, ist die mythische Personifizierung der dunkleren Seite Ihres inneren Frauenbildes. In Bezug auf Ihr eigenes emotionales Wesen zeigt sich in dieser primitiven weiblichen Eigenschaft Ihre Fähigkeit zu lang gehegtem Groll und unerbittlicher Wut. Beides kann Ihr emotionales Leben mit Ihrem Partner vergiften, wenn Sie sich dessen nicht bewusst sind; es kann Sie auch sehr besitzergreifend und unfähig machen, Ihrem Partner sein Recht auf Selbstbestimmung innerhalb der Beziehung einzuräumen. Die Wut einer beleidigten Frau ist furchtbarer als alle

Schrecken der Hölle – eine treffende Bemerkung über die tückische Seite dieses machtvollen inneren Frauenbildes.

Vielleicht besaß Ihre Mutter große Tiefe und emotionale Intensität, auch wenn ihre Persönlichkeit dies während Ihrer Kindheit nicht vermuten ließ. Wahrscheinlich lebte sie auch mit sehr viel unterdrücktem Ärger und war deprimiert, weil ihre starken emotionalen Bedürfnisse zutiefst unerfüllt geblieben waren. Vielleicht hat sie diese Gefühle nie offen gezeigt, doch durch Ihre eigene große Empfänglichkeit für emotionale Stimmungen waren Sie sich in Ihrer Kindheit zweifellos vieler unbewusster Unterströmungen bewusst, die die übrige Familie nicht wahrhaben wollte. Dadurch misstrauen Sie vielleicht jetzt als Erwachsene Ihren emotionalen Tiefen, denn wahrscheinlich sind leidenschaftliche Hingabe und intensive Gefühle für Sie gleichbedeutend mit lebenslänglicher Frustration, Unglück und unerfüllten Sehnsüchten. Eine solch negative Vorstellung bringt Sie möglicherweise dazu, Ihr eigenes, reiches emotionales Leben zu ignorieren oder zu verleugnen. Doch wenn Sie die positive Leidenschaft und Intensität nicht ausleben, die ein Teil Ihres Wesens sind, ärgern Sie sich letztlich vielleicht darüber, dass Ihren Bedürfnissen nicht entsprochen wird – auch wenn Sie selbst es Ihrem Partner schwer oder unmöglich machen, auf diese Bedürfnisse einzugehen, weil Sie sie nicht zeigen und sie daher auch nicht von ihm bemerkt werden können. Wenn Sie verletzt oder beleidigt sind, können Sie eine äußerst unangenehme emotionale Stimmung erzeugen, die dem in nichts nachsteht, was Sie in Ihrer Kindheit bei Ihrer Mutter gesehen haben mögen. Aufgrund Ihrer beinahe unheimlichen Fähigkeit, die unausgesprochenen Bedürfnisse anderer zu erkennen, können Sie auch die Gefühle Ihres Partners so manipulieren, dass Sie die gewünschte emotionale Reaktion bei ihm erreichen. Je weniger Sie sich dieser Seite Ihres Wesens bewusst sind, desto größere Schwierigkeiten haben Sie wahrscheinlich in Ihrer Beziehung. Denn vielleicht erlebt Ihr Partner Sie allmählich als emotional übermächtig, zudringlich und besitzergreifend – auch wenn Sie selbst dies bei sich gar nicht so recht wahrhaben wollen.

In Ihrer inneren Vorstellung von Weiblichkeit steckt auch eine große emotionale Kraft. Dies ist eine seltene Begabung, denn damit können Sie viele tiefschürfende und magische Seiten des Lebens erfahren und genießen, die andere nie zu sehen bekommen. Doch wahrscheinlich konnte Ihre Mutter ihre eigene emotionale Stärke nicht anders ausdrücken als auf manipulative Art und Weise, und das hat möglicherweise Ihre Wahrnehmung Ihres eigenen inneren Reichtums verzerrt. Vielleicht haben Sie viele negative Vorstellungen und Assoziationen zu dieser komplizierten Seite der Weiblichkeit und haben vielleicht schon verschiedene Mittel und Wege versucht, um sie loszuwerden. Unglücklicherweise können wir uns aber nicht von dem trennen, was wir innerlich sind, und außerdem würde eine solche Trennung auch Sie unweigerlich einsam, frustriert und deprimiert machen. Ihre innere Welt ist so fruchtbar, farbenfroh und tiefgründig, dass Sie vor allem ihre Schönheit und ihren Wert anerkennen und schätzen müssen. Dann könnten Sie dies alles auch innerhalb Ihrer Beziehung zum Ausdruck bringen, ohne zugleich damit rechnen zu müssen, abgelehnt zu werden. Ihr Partner wird auf eine zuversichtliche Äußerung Ihres wachen Selbst viel eher eingehen als auf dunkle Stimmungen, denen ein unterdrückter Ärger zugrunde liegt. Nicht Ihre Leidenschaft und Tiefe könnten in Ihrer Beziehung zu Problemen führen, sondern Ihre unausgesprochene Wut. Was immer Sie in Ihrer Kindheit gesehen haben: Emotionale Intensität zieht nicht unweigerlich Ablehnung, Frustration und Depressionen nach sich.

2. Grundlegende Beziehungsstrukturen bei Ihrem Partner

i. Ein trauriger Denker

Was auch immer Ihr Partner bewusst als „männlich" definieren würde, in seinem Inneren gibt es ein merkwürdig körperloses Bild vom Mann als „logos" oder kreativem geistigen Prinzip, das durch seine Beziehung zu Ihnen sehr stark belebt wird. Durch dieses archetypische Bild wird das Reich der Ideen dargestellt, das am besten in solch ursprünglichen Himmelsgöttern wie etwa dem griechischen Uranos zum Ausdruck kommt, die zwar selbst unsichtbar sind, aber die Idee eines materiellen Kosmos entwerfen, bevor er erschaffen wird. Das mag ein eigenartig abstraktes Bild von Männlichkeit sein, und das Wort „abstrakt" ist hierbei in der Tat entscheidend – denn es fällt Ihrem Partner nicht leicht, auf der Ebene seines persönlichen Körpergefühls ein starkes Gefühl von Männlichkeit zu empfinden. Sehr viel eher wird sich seine Männlichkeit als Objektivität und Distanz sowie als eine Begabung im Umgang mit Ideen äußern. Das kann teilweise mit dem recht losgelösten und fernen Wesen seines Vaters zu tun haben, wie er es in seiner Kindheit erlebte, denn anscheinend verspürte Ihr Partner keine unmittelbare emotionale oder körperliche Verbindung zu seinem Vater als einem Modell der Männlichkeit.

Der „abwesende Vater", der im Mythos als unsichtbarer Himmelsgott dargestellt wird, deutet, positiv gesehen, auch auf einen überaus kreativen Ideenreichtum hin und lässt Ihren Partner zu einer umfassenden und irgendwie unkonventionellen Perspektive auf das Leben neigen. Wahrscheinlich ist er sehr offen für innovative Philosophien und Gedankensysteme, selbst wenn er dies im Gespräch mit anderen, bildlich gesprochen, in einer unscheinbaren Einkaufstüte versteckt. Außerdem hat er die Fähigkeit, von seiner persönlichen Situation Abstand zu nehmen und das umfassendere Muster herauszuarbeiten, das einer Sache zugrundeliegt. Dieser objektive Charakteranteil mag ihm manchmal auch das Gefühl geben, etwas isoliert zu sein und abseits zu stehen, denn während jedermann kopflos umherläuft und subjektiv reagiert, kann er hinter diesem vordergründigen Schauspiel das größere und weniger an die Person gebundene Muster wahrnehmen. Vielleicht beschäftigt er sich im Laufe seines Lebens mit Dingen, die mancher als exzentrisch bezeichnen oder dem „New Age“ zuordnen würde. Doch das liegt nicht daran, dass er ein „Sonderling“ wäre; vielmehr liegt es an seiner Fähigkeit, sich geistig von der Identifizierung mit der unmittelbaren materiellen Realität zu lösen und weiter in die Zukunft zu sehen als viele andere Menschen. Doch eben diese Objektivität kann Ihrem Partner auch Probleme in seiner Beziehung zu Ihnen bereiten. Denn wie der mythische Gott Uranos – und vielleicht auch wie sein eigener Vater – wertet er möglicherweise die instinktive Seite des Lebens ab oder ignoriert sie, indem er sich der klaren und unkomplizierten Stimmung der geistigen Welt zuwendet und vor einer direkten emotionalen Bindung an Sie zurückscheut.

Dem Gefühl der Unbeteiligtheit und Losgelöstheit vom Leben bei Ihrem Partner liegt vielleicht auch der Eindruck zugrunde, die „gewöhnliche“ Welt sei bedrückend und würde ihn einschließen. Demgegenüber scheint das freie und grenzenlose Reich des Geistes eine unwiderstehliche Fluchtmöglichkeit vor den Verantwortungen des materiellen Lebens und den Schwierigkeiten einer tieferen Beziehung zu bieten. Das gleiche mag früher für seinen Vater gegolten haben, der sich vielleicht von seinen häuslichen und finanziellen Verpflichtungen belastet fühlte und dessen Schwierigkeiten in seinen Beziehungen zu anderen Ihrem Partner zeigten, dass solche Bindungen den Geist abtöten können. Umgekehrt ist auch denkbar, dass Ihr Partner zwanghaft versucht, sich mit den Strukturen der materiellen Welt zu identifizieren, weil sie ihm ein – wenn auch illusorisches – Gefühl der Stabilität und Verbundenheit mit dem Leben vermitteln. Doch wenn er das gesunde innere Gefühl seiner männlichen Identität auf diese Weise durch konkrete äußere Formen ersetzen will, erlebt er möglicherweise tiefe Frustrationen und muss sich an einem bestimmten Punkt gewaltsam wieder befreien. Eine gewisse Traurigkeit begleitet seinen gesamten Umgang mit der Außenwelt, weil er sein eigenes Gefühl innerer Isoliertheit auf diese Welt projiziert. Vielleicht muss er diese Gefühle verstehen und mit Ihnen teilen, denn nur durch den Trost einer menschlichen Beziehung kann er die Verletzungen einer einsamen Kindheit heilen.

Die recht melancholische Färbung der Weltanschauung Ihres Partners kann ihm eine tiefgründige und mitfühlende Einstellung zum Leben vermitteln, wie sie auch ein Dichter haben könnte. Wenn er sein Gefühl der Isoliertheit und Unbeteiligtheit in kreative Bahnen wie etwa Schriftstellerei, Malerei, Musik oder Schauspiel lenkt, kann ihm dies helfen, ein stärkeres Gefühl seiner inneren Identität als Mann und auch seiner Verbundenheit mit allen anderen Menschen zu entwickeln. Schließlich erschuf Uranos den Kosmos ja auch deshalb, weil es da oben im Äther recht einsam war – ein mythisches Bild für das kreative Potential, das mit der besonderen Art der Vision Ihres Partners auf das engste verknüpft ist. Doch er wird auch auf seine Neigung achten müssen, die Vergnügungen und materiellen Belohnungen des Lebens als letztlich unwichtig oder bedeutungslos anzusehen. Vielleicht ist die

Loslösung von jeglichem Verlangen seine stärkste Abwehrmaßnahme gegen die Angst, er würde nicht bekommen, was er will, wenn er zugibt, dass er es will. Diese Weltmüdigkeit kann ihn auch passiv und gleichgültig machen, so dass es ihm möglicherweise widerstrebt, sich auf Sie einzulassen. Vielleicht empfindet er zu viel für sein Menschheitsideal und zu wenig für seine eigene Menschlichkeit.

Die Objektivität, die ein Teil des inneren Männlichkeitsbildes Ihres Partners ist, kann vieles zu seiner Persönlichkeit beitragen, doch vielleicht gehen damit auch komplizierte Abwehrmechanismen einher, die seine Fähigkeit, sich in seiner Ganzheit auszudrücken, mehr behindern als fördern.

ii. Die Einsamkeit des Langstreckenläufers

Ein Teil der Getrenntheit vom Leben, die Ihr Partner möglicherweise empfindet, geht auf ein tiefes inneres Gefühl der Verletztheit oder des Verlustes zurück. Und das kann, ob er sich dessen bewusst ist oder nicht, dazu führen, dass er sich der Welt überdrüssig fühlt und in Bezug auf das, was er vom Leben und von seiner Beziehung zu Ihnen erwartet, recht resigniert ist.

Eigentlich verfügt er über eine große emotionale Einfühlsamkeit, die sich vielleicht neben der objektiven und intellektuellen Seite seines Charakters etwas unwohl fühlt. Es fällt ihm schwer, die Schmerzen anderer zu ignorieren, und es ist denkbar, dass er sehr viel Schmerz oder Enttäuschung im Leben seines Vaters sah und dadurch seine Fähigkeit, im Leben Dinge zu verändern und zu bekommen, was er will, recht negativ einschätzt. In mancher Hinsicht kann sich diese passive Eigenschaft auf sehr kreative Weise mit der eher unpersönlichen Seite seines inneren Männlichkeitsbildes verbinden. So wird Ihr Partner wahrscheinlich im Laufe seines Lebens sehr viel Zeit darauf verwenden, tief über die wichtigen Lebensfragen nachzudenken und eine Philosophie oder Weltanschauung entwickeln, mit deren Hilfe er mit der „Ungerechtigkeit des Lebens" zurechtkommt. Doch anstatt schon aufzugeben, noch ehe er begonnen hat, muss er auch an sich selbst glauben und daran, dass er wirklich Erfüllung finden kann. Denn wenn er in seiner Interaktion mit Ihnen zu passiv und teilnahmslos wird, fühlt er sich vielleicht allmählich dominiert und machtlos und staut unweigerlich eine ganze Menge Ärger unter der Oberfläche seiner scheinbaren Gleichgültigkeit an. Und dann benutzt er seine Fähigkeit, sich von seinen

Gefühlen abzutrennen, vielleicht dazu, Sie zu dominieren oder sich an Ihnen zu „rächen".

Das starke Gefühl Ihres Partners, das Leben sei ungerecht, geht wahrscheinlich auf frühe Lebenserfahrungen und auf das zurück, was er vielleicht als das persönliche Unglück seines Vaters erlebte. Dieses Gefühl der Verletzbarkeit und des Ausgeliefertseins sitzt etwas unbequem neben den objektiveren und unpersönlichen Seiten seines Charakters. Da seine klare Vorstellungskraft ein geordnetes und verständliches Muster im Kosmos wahrnimmt, haben bestimmte Erlebnisse ihn einfach deshalb zutiefst verwundet, weil es für sie keine vernünftige Erklärung gibt. Keine spirituelle Philosophie, politische Ideologie oder psychologische Einsicht kann alles Unglück hinweg erklären, das sich im Leben der Menschen ereignet. Dieser Konflikt zwischen Vernunft und Erfahrung kann die Zurückgezogenheit Ihres Partners noch verstärken und es ihm sehr schwer machen, sich Ihnen ganz mitzuteilen. Wenn er sich bedroht oder unsicher fühlt, verlässt er sich vielleicht unbewusst auf seine Fähigkeit, sich von seinen Gefühlen abzukoppeln, um Schmerzen zu vermeiden. Das würde jedoch unweigerlich dazu führen, dass Sie die Schmerzen für ihn ertragen müssten, weil er Sie damit ablehnt. Ganz gleich, welche Ideologie oder Philosophie er annimmt: Wenn er damit ausgleichen kann, was ihm im Leben zugestoßen ist und was er dazu wirklich empfindet, wird er viele Wunden in seinem Inneren heilen und zu einer stärkeren Beteiligung an Ihrer gemeinsamen Beziehung finden.

So bietet Ihrem Partner sein inneres Männlichkeitsbild gleichzeitig ein großes Geschenk und eine große Herausforderung. Wenn unser Bewusstsein oder unsere Vorstellungskraft zunimmt – ganz gleich, in welchem Maß -, so ist dies notwendigerweise immer auch isolierend, weil es uns von den blinden, instinktiven Zwängen der Kollektivs trennt. In mancher Hinsicht wird Ihr Partner sich mit diesem wiederkehrenden Gefühl der Isolation abfinden und den Preis dafür bereitwillig zahlen müssen, wenn er sein Leben und Ihre gemeinsame Beziehung mit seinen Gaben bereichern will. Doch zugleich muss er auch lernen, menschlicher und verletzbarer zu sein. Sein Gefühl seiner Möglichkeiten als Mann beschränkt sich vielleicht zu sehr auf die geistige Ebene und hat keinen ausreichenden Rückhalt in seinem emotionalen und instinktiven Leben. Der mythische Himmelsgott Uranos verstieß seine Kinder, weil sie erdgeboren und daher unvollkommen waren. Und es kann sein, dass auch der Vater Ihres Partners ihm dies – aufgrund seiner inneren Konflikte – auf irgendeine Weise angetan hat, wie sehr er ihn auch geliebt haben mag. Wenn Ihr Partner übermenschliche Maßstäbe an Sie und an sich selbst anlegt, wird er damit unweigerlich großes Unglück verursachen. Doch wenn er seine hervorragenden geistigen Fähigkeiten äußern und zugleich Ihnen und sich selbst erlauben kann, menschlich zu sein und Schwächen zu zeigen, werden Himmel und Erde zusammenkommen, und alles wird sich für ihn erfüllen.

Printed by Books on Demand GmbH, Norderstedt / Germany